गोपाल सिंह नेपाली

गोपाल सिंह नेपाली का जन्म 11 अगस्त, 1911 को बेतिया (बिहार) में हुआ। प्रवेशिका तक शिक्षा।

उनकी प्रमुख कृतियाँ हैं—'उमंग' (1934), 'पंछी' (1934), 'रागिनी' (1935), 'नीलिमा' (1939), 'पंचमी' (1942), 'नवीन' (1944), 'हिमालय ने पुकारा' (1963), 'असंकलित रचनाएँ' (2007)।

'सुधा' (1933), 'चित्रपट' (1934), रतलाम टाइम्स', 'पुण्यभूमि' (1935-1937), 'योगी' (1937-1939) के सम्पादन से जुड़े रहे। बेतिया राज प्रेस (1940-1944) के व्यवस्थापक भी रहे। फिल्मों के लिए गीत लिखे। फिल्म-निर्माण और निर्देशन क्षेत्र में भी सक्रिय रहे।

नवीन

गोपाल सिंह नेपाली

राजकमल पेपरबैक्स

पहला संस्करण 1944 में प्रकाशित

राजकमल पेपरबैक्स में
पहला संस्करण : 2025

राजकमल पेपरबैक्स : उत्कृष्ट साहित्य के जनसुलभ संस्करण

राजकमल प्रकाशन प्रा. लि.
1-बी, नेताजी सुभाष मार्ग, दरियागंज
नई दिल्ली-110 002

शाखाएँ : अशोक राजपथ, साइंस कॉलेज के सामने, पटना-800 006
पहली मंजिल, दरबारी बिल्डिंग, महात्मा गांधी मार्ग, प्रयागराज-211 001
1, अनमोल सोराबजी सन्तुक लेन, धोबी तलाव, मरीन लाइंस, मुम्बई-400 002

वेबसाइट : www.rajkamalprakashan.com
ई-मेल : info@rajkamalprakashan.com

विकास कम्प्यूटर एंड प्रिंटर्स
ट्रॉनिका सिटी-201 102
द्वारा मुद्रित

मूल्य : ₹ 199

NAVIN
Poetry by Gopal Singh Nepali

ISBN : 978-93-6086-829-1

साहित्यप्रेमी
लेफ्टिनेंट कर्नल श्रीद्रोणशमशेरजंगबहादुर राणा
को
सप्रेम

अपने पाठकों से

अब 'नवीन' के छप जाने से एक चिन्ता दूर हो रही है। पुस्तक जैसी है, आप पढ़ रहे हैं। अपनी ओर से मुझे सिर्फ यही कहना है कि जहाँ-जहाँ मैंने भाव, भाषा, छन्द आदि के नवीन प्रयोग किये हैं, वहाँ-वहाँ आप न डरें, नाराज भी न हों। इन दिनों मैं इसी विश्वास के साथ कार्य कर रहा हूँ कि जरा भाषा सरल-सजीव हो और छन्द चुस्त हों तो इससे साहित्य को सिद्धि और राष्ट्र को शक्ति मिलेगी। इस सम्बन्ध में मुझे जनता की ओर से जो प्रोत्साहन मिला है उससे मैं उत्साहित हूँ। राजनीतिक क्षेत्र में विद्रोह करने के लिए आपने हमें ललकारा, अब हमें साहित्यिक जंजीरों को भी तोड़ डालने दीजिए। हम राजनीति में नौजवान और साहित्य में बूढ़े एक साथ नहीं बन सकते।

फिल्मिस्तान, बम्बई
18 नवम्बर, 1944

—गोपाल सिंह नेपाली

क्रम

नवीन

नवीन

तुम कल्पना करो नवीन कल्पना करो
तुम कल्पना करो

(1)

अब घिस गईं समाज की तमाम नीतियाँ
अब घिस गईं मनुष्य की अतीत रीतियाँ
हैं दे रहीं चुनौतियाँ तुम्हें कुरीतियाँ
निज राष्ट्र के शरीर के श्रृंगार के लिए
तुम कल्पना करो नवीन कल्पना करो
तुम कल्पना करो

(2)

जंजीर टूटती कभी न अश्रु-धार से
दुख-दर्द दूर भागते नहीं दुलार से
हटती न दासता पुकार से, गुहार से
इस गंग-तीर बैठ आज राष्ट्र-शक्ति की
तुम कामना करो किशोर, कामना करो
तुम कामना करो

(3)

जो तुम गये, स्वदेश की जवानियाँ गईं
चित्तौर के 'प्रताप' की कहानियाँ गईं
आजाद देश-रक्त की रवानियाँ गईं
अब सूर्य-चन्द्र से समृद्धि ऋद्धि-सिद्धि की
तुम याचना करो दरिद्र, याचना करो
तुम याचना करो

(4)

जिसकी तरंग लोल है अशान्त सिन्धु वह
जो काटता घटा प्रगाढ़ वक्र इन्दु वह
जो मापता समग्र सृष्टि दृष्टि-विन्दु वह
वह है मनुष्य जो स्वदेश की व्यथा हरे
तुम यातना हरो मनुष्य, यातना हरो
तुम यातना हरो

(5)

तुम प्रार्थना किये चले, नहीं दिशा हिली
तुम साधना किये चले, नहीं निशा हिली
इस आर्त दीन देश की न दुर्दशा हिली
अब अश्रु-दान छोड़ आज शीश-दान से
तुम अर्चना करो, अमोघ अर्चना करो
तुम अर्चना करो

(6)

आकाश है स्वतंत्र, है स्वतंत्र मेखला
यह शृंग भी स्वतंत्र ही खड़ा, बना, ढला
है जल-प्रपात काटता सदैव शृंखला
आनन्द-शोक, जन्म और मृत्यु के लिए
तुम योजना करो, स्वतंत्र योजना करो
तुम योजना करो

दीपक जलता रहा रात-भर

तन का दिया, प्राण की बाती,
दीपक जलता रहा रात-भर

(1)

दुख की घनी बनी अँधियारी
सुख के टिमटिम दूर सितारे
उठती रही पीर की बदली,
मन के पंछी उड़-उड़ हारे
बची रही प्रिय की आँखों से
मेरी कुटिया एक किनारे
मिलता रहा स्नेह-रस थोड़ा,
दीपक जलता रहा रात-भर

(2)

दुनिया देखी भी अनदेखी,
नगर न जाना, डगर न जानी
रंग न देखा, रूप न देखा
केवल बोली ही पहचानी

कोई भी तो साथ नहीं था,
साथी था आँखों का पानी
सूनी डगर, सितारे टिमटिम
पन्थी चलता रहा रात-भर

(3)

अगणित तारों के प्रकाश में
मैं अपने पथ पर चलता था
मैंने देखा, गगन-गली में
चाँद सितारों को छलता था
आँधी में, तूफानों में भी
प्राण-दीप मेरा जलता था
कोई छली खेल में मेरी
दिशा बदलता रहा रात-भर

(4)

मेरे प्राण मिलन के भूखे,
ये आँखें दर्शन की प्यासी
चलती रहीं घटाएँ काली
अम्बर में प्रिय की छाया-सी
श्याम गगन से नयन जुड़ाये
जगा रहा अन्तर का वासी
काले मेघों के टुकड़ों से
चाँद निकलता रहा रात-भर

(5)

छिपने नहीं दिया फूलों को
फूलों के उड़ते सुवास ने
रहने नहीं दिया अनजाना
शशि को शशि के मन्द हास ने
भरमाया जीवन को दर-दर
जीवन की ही मधुर आस ने
मुझको मेरी आँखों का ही
सपना छलता रहा रात-भर

(6)

होती रही रात-भर चुपके
आँख-मिचौनी शशि-बादल में
लुकते-छिपते रहे सितारे
अम्बर के उड़ते आँचल में
बनती-मिटती रहीं लहरियाँ
जीवन की यमुना के जल में
मेरे मधुर मिलन का क्षण भी
पल-पल ढलता रहा रात-भर

(7)

सूरज को प्राची में उठकर
पश्चिम ओर चला जाना है

रजनी को हर रोज रात-भर
तारक-दीप जला जाना है
फूलों को धूलों में मिलकर
जग का दिल बहला जाना है
एक फूँक के लिए, प्राण का
दीप मचलता रहा रात-भर

[ऑल इंडिया रेडियो : दिल्ली स्टेशन से ब्राडकास्ट]

स्वतंत्रता का दीपक

घोर अन्धकार हो
चल रही बयार हो
आज द्वार-द्वार पर यह दिया बुझे नहीं
यह निशीथ का दिया ला रहा विहान है

(1)

शक्ति का दिया हुआ
शक्ति को दिया हुआ
भक्ति से दिया हुआ
यह स्वतंत्रता-दिया
रुक रही न नाव हो
जोर का बहाव हो
आज गंग-धार पर यह दिया बुझे नहीं
यह स्वदेश का दिया प्राण के समान है

(2)

यह अतीत-कल्पना
यह विनीत प्रार्थना
यह पुनीत भावना
यह अनन्त साधना
शान्ति हो, अशान्ति हो
युद्ध, सन्धि, क्रान्ति हो
तीर पर, कछार पर यह दिया बुझे नहीं
देश पर, समाज पर ज्योति का वितान है

(3)

तीन-चार फूल हैं
आस-पास धूल हैं
बाँस हैं, बबूल हैं
घास के दुकूल हैं
वायु भी हिलोर दे
फूँक दे, झकोर दे
कब्र पर, मजार पर यह दिया बुझे नहीं
यह किसी शहीद का पुण्य प्राण-दान है

(4)

झूम-झूम बदलियाँ
चूम-चूम बिजलियाँ
आँधियाँ उठा रहीं
हलचलें मचा रहीं
लड़ रहा स्वदेश हो
यातना विशेष हो
क्षुद्र जीत-हार पर यह दिया बुझे नहीं
यह स्वतंत्र भावना का स्वतंत्र गान है

दो प्राण मिले

दो मेघ मिले, बोले-डोले
बरसाकर दो-दो फूल चले

(1)

भौंरों को देख उड़े भौंरे
कलियों को देख हँसीं कलियाँ
कुंजों को देख निकुंज हिले
गलियों को देख बसीं गलियाँ
गुदगुदा मधुप को, फूलों को
किरणों ने कहा, जवानी लो
झोंकों से बिछुड़े झोंके को
झरनों ने कहा, रवानी लो
दो फूल मिले, खेले-झेले,
वन की डाली पर झूल चले

(2)

इस जीवन के चौराहे पर
दो हृदय मिले भोले-भोले
ऊँची नजरों चुपचाप रहे
नीची नजरों दोनों बोले
दुनिया ने मुँह बिचका-बिचका
कोसा आजाद जवानी को
दुनिया ने नयनों को देखा
देखा न नयन के पानी को
दो प्राण मिले, झूमे-घूमे
दुनिया की दुनिया भूल चले

(3)

तरुवर की ऊँची डाली पर
दो पंछी बैठे अनजाने
दोनों का हृदय उछाल चले
जीवन के दर्द-भरे गाने
मधुरस तो भौंरे पिये चले
मधु-गन्ध लिए चल दिया पवन
पतझड़ आई, ले गई उड़ा
वन-वन के सूखे पत्र-सुमन
दो पंछी मिले चमन में, पर
चोंचों में लेकर शूल चले

(4)

नदियों में नदियाँ घुलीं-मिलीं
फिर दूर सिन्धु की ओर चलीं
धारों में लेकर ज्वार चलीं
ज्वारों में लेकर भौंर चलीं
अचरज से देख जवानी यह
दुनिया तीरों पर खड़ी रही
चलनेवाले चल दिये और
दुनिया बेचारी पड़ी रही
दो ज्वार मिले मँझधारों में
हिलमिल सागर के कूल चले

(5)

हम अमर जवानी लिये चले
दुनिया ने माँगा केवल तन
हम दिल की दौलत लुटा चले
दुनिया ने माँगा केवल धन
तन की रक्षा को गढ़े नियम
बन गये नियम, दुनिया ज्ञानी
धन की रक्षा में बेचारी
बह गई स्वयं बनकर पानी
धूलों में खेले हम जवान
फिर उड़ा-उड़ाकर धूल चले

[ऑल इंडिया रेडियो : लखनऊ स्टेशन से ब्रॉडकास्ट]

मैं प्रभात का पहला-पहला झोंका

मैं प्रभात का पहला-पहला झोंका
मैं चला पवन बनकर शीतल-शीतल
में उड़ा चला निशि का खिसका आँचल
मेरे स्वर से जगीं कुंज की गलियाँ
मुझसे लगकर हँसी नवेली कलियाँ
मैं चला झड़ी पंखुड़ियों को चुनता
निर्झर था मेरा गीत कहीं सुनता
मैंने जो डालों के पात हिलाये
तन काँपा, मन सिहरा, पंछी चौंका
खिड़कियाँ खुलीं वन में, बन्द घरों में
लहरियाँ उठीं मन में, सरित-सरों में
प्यालियाँ हिलीं रस की सुमन-करों में
गुदगुदी चली खग के नमर परों में
पहले क्षण की भी पहली ही झाँकी
माया कलियों को दे गई हया की
मैंने जो भौंरों के झुंड उड़ाये
लुट गया खजाना सारा फूलों का

मैं स्पर्श जवानी का कोमल-कोमल
मैं अश्रु लोचनों का निर्मल-निर्मल
संगीत लहर का मैं कलकल-छलछल
मैं किसी तरुण का मन चंचल-चंचल
लहरा-लहराकर सुषमा का आँचल
मैं आज उड़ा लाया यौवन के पल

मैंने जो तारों के दीप बुझाये
भर गया सुरभि से कोना कुंजों का

मैं उड़ा चला वन-फूलों के परिमल
मैं उड़ा चला भौंरों-चिड़ियों के दल
मैं रुका नहीं गिरि से, चट्टानों से
मैं रुका नहीं कोकिल की तानों से
काँटे तो रह गये लिपटकर ऐसे
तिनके बहते हैं लहरों में जैसे

जग-वन के पथ में मुझको रोका तो
फूलों की मृदु मुस्कानों ने रोका

कलियाँ जागीं, मधुपावलियाँ जागीं
रस-रूप-गन्ध की ये गलियाँ जागीं
मैं धुला चला ये लोचन शबनम से
मैं निकालता चला गुलों को गम से
झरनों का पानी यौवन-सा चमका
इन सपनों के बीच सूर्य आ धमका

तरु पर जो किरणों की माला डाली
मिल गया मुझे भी मोती पातों का

मैं खोल चला दरवाजे जीवन के
मैं लूट चला सपने नवयौवन के
मैं झुला चला छवि-झूले कंचन के
मैं खिला चला शतदल सर में मन के
जगकर कोकिल कूकी, बुलबुल बोली
रस-लहरों में जीवन-नैया डोली
सारी दुनिया पड़ी रही शबनम-सी
मुझको सागर की लहरों ने टोका

कुछ गूँज गई, कुछ गीत गये

(सावन की समाप्ति पर बादल पानी बरसाकर वापस लौट रहे हैं)

पावस की ऋतु भी लौट रही
सावन के दिन भी बीत गये
मस्ती का आलम लिए चले
दे करुणा के दो गीत गये

(1)

उस दिन ले आया था परिमल
जल-बूँदों का पश्चिमी पवन
उस दिन भर आये थे आँसू
से किसी तरुण के द्रवित नयन
उस दिन आये थे श्यामल घन
काजल-काले मतवाले घन
कुछ दिन छाया था बदली में
मद-भरा, अलस, रसमय सावन
काले मेघों के झुंड आज
तो दिशि-दिशि में विपरीत गये

(2)

गर्जना घटाओं की समझी
ममता हमने जानी-मानी
बदली देखी, बिजली देखी
मुसकान अधर की पहचानी
बादल का उमड़-घुमड़ आना
कलियों-सी बूँदें बरसाना
बजता था रिमझिम-रिमझिम में
कंठों का प्यास-भरा गाना
उद्भ्रान्त स्वाति के सखा गये
अब मन-मयूर के मीत गये

(3)

धन चले जगाकर अमराई
घन चले भिगोकर हरियाली
धन भुला चले नव कली-कली
घन झुला चले डाली-डाली
अविरल जल धार-फुहारों से
धो चले कुंज की उजियाली
जगती के झुरमुट-झुरमुट पर
कर चले कलश जल के खाली
जीवन के बिरुवे-बिरुवे पर
बरसाकर प्रेम पुनीत गये

(4)

मृदु मन्द पवन के झोंकों में
जैसे पर खोल चले पंछी
कानन-जीवन के क्षण-क्षण में
जैसे रस घोल चले पंछी
वैसे उड़ चले घटाओं के
पंछी भी जीवन-डाली से
अवरुद्ध सूर्य भी झाँक उठा
झीने कुहरे की जाली से
बादल बन-बन अमराई से
कुछ गूँज गई, कुछ गीत गये

(5)

काले-काले बादल बरसे
मिट्टी से महक उठी भीनी
चंचल-चंचल बिजली चमकी
झलकी सावन की रंगीनी
जगती के पत्थर तने रहे
घन के दृग से जलधार चली
वन-वन में, रेत पहाड़ों में
यह धार पुकार-पुकार चली
तरु-मरु को क्या, पत्थर को भी,
ये प्रेमी बादल जीत गये

(6)

श्यामल घन के बीहड़ वन में
था इन्द्रधनुष रंगीन तना
तर्जन था बना धनुष-डोरी
घन-गर्जन था टंकार बना
बिजली के बाण चले चहुँ दिशि
बादल के दल-बल बिखर गये
पल-भर में कलश हुए खाली
जलवाले बादल निखर गये
घन अरुण गये, घन श्याम गये,
घन हरित गये, घन पीत गये

कवि और कविता

कवि ने जो कुछ जाना
कवि ने जो पहचाना
बनता है वह छन्द-छन्द में प्राण-प्राण का गाना
हृदय-हृदय का गाना
लोक-लोक का गाना
बनता है वह भाव-लहर में उठता हुआ जमाना

(1)

कवि का जीवन एक जगत है, जग के भीतर जग के बाहर
जग का पुण्य जहाँ सुन्दर है और पाप भी नहीं असुन्दर
जन्म जहाँ पर मधुर राग है सधा हुआ जग की वीणा पर
मरण जहाँ पर करुण गीत है रुँधा हुआ जिससे जग का स्वर
कविता है कवि-हृदय-क्षितिज पर बालारुण का आना
जीवन की प्राची में उठकर मधुर-मधुर मुस्काना

(2)

मानव का दुर्भाग्य कि वह जो अन्धकार में सदा पला है
लाकर यहाँ पटक धरती पर उसे भाग्य ने आज छला है
जीवन के पथ पर तारों से क्षण-भर उसका दिल बहला है
उसका दृष्टि-विहग उड़-उड़कर आज तिमिर को चीर चला है
छूट गई है उसके पीछे वह अँधियारी रात
उसकी खुली दृष्टि के सम्मुख फूट रहा है प्रात
भर-भर लाये हैं प्रकाश-कण नील कमल के पात
उड़ा ले गई दूर तिमिर को द्युति की झंझावात
देख रहा है कवि तारों का जल जाना, बुझ जाना
जग ने कवि को, कवि ने अपनी कविता को पहचाना

(3)

कुंज-कुंज रस-रूप बाँटता आता है ऋतुराज
कविता गूँज उठी कोकिल की बन पहली आवाज
आती ग्रीष्म जगाती जग के कंठ-कंठ में प्यास
कविता छाँह बनी तरुवर की शीतल-सलिल-सुवास
पावस में भर गया मेघ से श्याम-नील आकाश
बनकर मोर कुंज में नाचा कविता का उल्लास
पतझड़ में झड़ गया पात बन रंग-रूप वन-वन का
कविता रानी शरद-चन्द्र बन चुनती तिनका-तिनका
चुरा चली कविता ऋतु-ऋतु से एक मनोहर गाना
भरती चली हृदय जग का, कवि का अनमोल खजाना

(4)

कविता है उद्दाम युवक के राजा मन की रानी
शिशु का कलरव, वयोवृद्ध की बीती हुई कहानी
कविता है मुस्कान अधर पर, और नयन में पानी
कवि चिर-यौवन-प्राप्त तरुण है, कविता भरी जवानी
नर है पुरुष, प्रकृति है नारी, कविता दोनों ओर
नर में वह बल है, नारी में कोमल भाव-हिलोर
कविता है छविमुग्ध नयन का रुक जाना, झुक जाना

(5)

पौ फटते ही चमक उठे जब गाँव-खेत-खलिहान
कंधे पर हर डाल कुटी से चला गरीब किसान
उसके स्वेद-रुधिर ने सींची जल बन क्यारी-क्यारी
जैसे उसकी मुट्ठी से ही निकलीं फसलें सारी
उसकी आँखों को चमकाती खेतों की हरियाली
फूट रही गालों पर आशा-अभिलाषा की लाली
फसलों के कट जाने पर-
कविता है आँखों के आगे बिखरा दाना-दाना
मचल-उछल भर रात अटपटा ग्रामीणों का गाना
तिनकों के घर में दीपक का जलना, जलते जाना
कविता है रोमांच-लहर से एक बार छू जाना

[ऑल इंडिया रेडियो : लखनऊ स्टेशन से ब्रॉडकास्ट]

जय-जयकार

(प्रकाश, जीवन, यौवन, सौन्दर्य और आनन्द का)

जग कर जय-जयकार
मग कर जय-जयकार
पग-पग पर जगमग प्रकाश-कण-कण का जय-जयकार
नवप्रभात के सुन्दर स्वर्णिम क्षण का जय-जयकार

(1)

उषा खड़ी कोमल कुन्तल में गूँथ किरण के फूल
बनकर स्वर्ण खड़ी अम्बर में रवि के रथ की धूल
आज तिमिर के पुंज-पुंज पर स्वर्ण-ज्योति की केलि
बालारुण के प्रथम परस से रोमांचित वन-वेलि
चमक उठा है रंग-रंग में टहनी-टहनी पानी
छूती जादू की वंशी से रवि की नई जवानी
किरणों की माया देखो, जग सोने की काया है
दूर पूर्व से चलकर दिनकर हँसता ही आया है
गान विश्व को देनेवाले रवि का जय-जयकार
स्वप्न-नयन में भरनेवाली छवि का जय-जयकार

(2)

जनम-मरण दो छोर दूरतर
और बीच का जीवन सुन्दर
जग में यह सुरसरि की धारा
डुबा रही जो कूल-किनारा
खिड़की एक जन्म है जिससे देखो जग रंगीन
मरण दूसरी खिड़की जिससे सुनो नियति की बीन
और जगत का जीवन कलकल-छलछल जल की धारा
गरज-गरज जिसको लहरों ने अग-जग को ललकारा
जीवन आकर एक शून्य को है संसार बनाता
और मरण के वधिर कान में फूँक मारता जाता
जग मरु पर जीवन के पावस-जल का जय-जयकार
मरे भूत पर अमर आज औ' कल का जय-जयकार

(3)

जीवन आगे को चलना है
सम्भव है, कलना-छलना है
और जवानी खुद अपने ही
जीवन की लौ में जलना है
जीवन नियम, जवानी अनियम, तोड़ चली जो बाँध
बिना जवानी के इस जग में जीना है अपराध
है अपराध स्वयं जग के प्रति, और धरा का भार
और जवानी जीवन में ही जीवन का उद्धार
एक गीत है जीवन जिसमें बज उठता संसार

और जवानी उसी गीत की नई-नई झंकार
जीवन-कानन की मधुऋतु का, रस का जय-जयकार
यौवन बने स्वयं जीवन के यश का जय-जयकार

(4)

उड़ा आज वन-राजि-राजि में सघन रूप का जाल
जीवन नीड़ बना, लोचन बन रहे चपल खग-बाल
लहराया आवरण रूप का जल-थल, नील गगन में
पहुँची उसकी शीतल छाया श्रान्त मनुज के मन में
देख रूप की छवि मानव ने और खोल दीं आँखें
उलझ-उलझ फड़फड़ा उठीं दृग के पंछी की पाँखें
सुन्दरता मानव-प्राणों की मुक्ता-माणिक काया
सूर्य-चन्द्र ने जिसका केवल एक अंग झलकाया
अरुण कपोलों से प्राची तक एक रूप का आँचल
दृग में, फूलों में, तारों में सुन्दरता है झलमल
प्रातः जब-जब दुनिया जागे
देखे तब नयनों के आगे
झुला रहे हैं फूल रूप के
पिरो-पिरो किरणों के धागे
जग की ज्योति, प्रकाश नयन का, छवि का जय-जयकार
सुन्दरता के चारण गायक छवि का जय-जयकार

(5)

हास-विलास-केलि-कलरव में जग को जो आनन्द
लाता उसे लुटाता फिरता फूलों का मकरन्द
क्षणिक जगत में जीवन क्षण-भर
जग के मरु में केवल कण-भर
लेकिन मानव आनन्दित है
क्षण-भर का संगीत श्रवण कर
यह प्रकाश, यह जीवन, यौवन, सुन्दरता, आनन्द
क्षणिक जगत के जीवन के क्षण के कोटर में बन्द
प्रथम जन्म के अट्टहास से जीवन-क्षण खुलता है
और अन्त, अवसान-रुदन के आँसू से धुलता है
जग में कलरव बननेवाले क्षण का जय-जयकार
युग-पर्वत पर चढ़नेवाले कण का जय-जयकार

नवीन और प्राचीन

राखों का अंगार कि जिसमें जीवन-ज्योति नवीन
लाश जली, जल गईं लकड़ियाँ, लगे विपल दो-तीन
पर, ऐसा अंगार कि जिसमें जीवन अभी नवीन

(1)

ज्वलित चिता है एक कसौटी, है खराद अंगार
आते और कसे जाते हैं यहाँ रूप-शृंगार
बस मुट्ठी भर भस्म जगत की गत युग का उपहार
जो जलता है वह नवीन है, जला-बुझा प्राचीन

(2)

तारे टूटें, फूल झड़ें औ' उड़-उड़ जायें पात
इस करुणा पर चादर-जैसी तारोंवाली रात
काली रात पुरानी, उसका लाल-लाल नव प्रात
सुनता है प्राचीन, बजा करती नवीन की बीन

(3)

जन्म, ज्योति, युग, प्रेम, जवानी लगते सदा नवीन
मृत्यु, तिमिर, जग, विरह, बुढ़ापा लगते हैं प्राचीन
हँसता एक, दूसरा दृग में अश्रु लिए श्रीहीन
और बाल-रवि ज्योति उड़ा ले चला अश्रु भी छीन

[ऑल इंडिया रेडियो : लखनऊ स्टेशन से ब्रॉडकास्ट]

नया संसार

(1)

एक नया संसार
युवक बसायेंगे हिल-मिलकर एक नया संसार
तरुण बनायेंगे रच-रचकर एक नया संसार
एक नया श्रृंगार सृष्टि का
एक नया जीवन का घेरा
एक नया मानव का डेरा
एक नया वैभव का फेरा
नया उजाला, नया अँधेरा
जगती की प्राचीन बीन में नये सजेंगे तार
नये बजेंगे तार

(2)

तरुण क्रांति मन-मन मचलेगी
नगर-नगर वन-वन उछलेगी
प्रान्त-प्रान्त पुर-पुर बिछलेगी
दुनिया को लपटों में लिपटा

हा-हा करती हुई चलेगी
यह मरघट की शान्ति जलेगी
लिपी-पुती मुख कान्ति जलेगी
क्लेश जलेगा, क्लान्ति जलेगी
तरुण क्रान्ति की अग्नि-शिखा में
जग-जीवन की भ्रान्ति जलेगी
जग की राखों पर सुलगेगा एक नया संसार

(3)

सामाजिक पापों के सिर पर चढ़कर बोलेगा अब खतरा
बोलेगा पतितों-दलितों के गरम लहू का कतरा-कतरा
होंगे भस्म अग्नि में जलकर धरम-करम औ पोथी-पतरा
और पुतेगा व्यक्तिवाद के चिकने चेहरे पर अलकतरा
सड़ी-गली प्राचीन रूढ़ि के भवन गिरेंगे, दुर्ग ढहेंगे
युग-प्रवाह पर कटे वृक्ष-से दुनिया-भर के ढोंग बहेंगे
पतित-दलित मस्तक ऊँचा कर संघर्षों की कथा कहेंगे
और मनुज के लिए मनुज के द्वार खुले-के-खुले रहेंगे
वह दिन आने वाला होगा
धूम मचाने वाला होगा
नींव हिलाने वाला होगा
जग में लाने वाला होगा–
नये रंग का, नये ढंग का, एक नया संसार

(4)

मानव होगा नहीं कभी भी मानव-पशु का दास
जीवन-सत् उसका न हरेंगे मन्द-अन्धविश्वास
बाँधेगी न नियम की पट्टी मानव की आँखों को
काटेगा कानून न कोई चिड़ियों की पाँखों को
हाँकेगी न जुल्म की लाठी इधर-उधर लाखों को
भस्म समझ हम सिर पर लेंगे जीवन की राखों को
वह दुनिया जल्दी आयेगी
हमको-तुमको अपनायेगी
मानव की टोली गायेगी
उस गायन में डूब जायगी बेड़ी की झंकार

(5)

एक नया संसार कि जिसमें एक नवीन समाज
एक नई जिन्दगी कि जिसका एक नया अन्दाज
जग में मनुज-रुधिर के बदले
बहती रहे स्नेह की धारा
शान्ति बुलाती रहे पथिक को
बन जीवन-नभ का ध्रुवतारा
मानव की आँखों में जग का
कण-कण प्यारा, क्षण-क्षण न्यारा
मानवता का सिन्धु सोख ले
मानव के दृग की जल धारा
दुनिया हो मस्तों की दुनिया, जीवन हो त्योहार
मानव के जग में मानव का गूँजे जय-जयकार

मैं गायक हूँ स्वच्छन्द हिमांचल का

(भारतवासी)

मैं पथिक सदा प्यासा गंगा-जल का
गिरिराज हिमालय मेरा है प्रहरी
प्रेमांजलि मेरी सागर की लहरी
मेरी मधुर उमंगें वन की कलियाँ
ये ग्राम-नगर मेरी जीवन-गलियाँ
मैं इसी देश की मिट्टी का पुतला
इसको जिसने कुचला, मुझको कुचला
मेरी स्नेहमयी आँखों में देखो
श्यामल यमुना का निर्मल जल छलका
मेरी जीवन-ग्रंथि प्रेम के बन्धन
मेरा जीवन साध्य नहीं, है साधन
मेरा व्रत मानवता का आराधन
मेरा श्रम चिन्ता-सागर का मन्थन
सदियों से मैंने जीवन-ज्योति जगाई
दुनिया मेरा सन्देश सुना करती
मैं गायक हूँ स्वच्छन्द हिमांचल का

यह बंग देश का सूर्योदय उज्ज्वल
भरता मुझमें नवजीवन का सम्बल
सूर्यास्त सिन्ध का करुण-अरुण सुन्दर
धर जाता दीप जलाकर मेरे घर
मैं उत्तर दिशि के हिम से हूँ शीतल
मैं दक्षिण दिशि के झोंकों से चंचल
हूँ लोट रहा जनपद के चरणों में
मैं मलय-पवन सुरभित विन्ध्याचल का
जग के वन में गूँजी मेरी बोली
कर रहा स्नेह की मैं खाली झोली
मैंने फूँके प्राण कला के तन में
प्रतिमा रख दी जग के सूने मन में
मैंने सागर में नावें दौड़ाई
लहरियाँ चरण मेरे छूने आईं
मैंने उनको उठा किया आलिंगन
मैं खड़ा कूल हूँ सागर चंचल का
नगरों में जीवन-दीप जला करते
ग्रामों में बन्धन-मुक्त चला करते
हम शान्त, रसिक, भोले भारतवासी
आजादी है जिनकी काबा-काशी
वह मेरा देश, जहाँ हल्दी-घाटी
मैंने दिन-रातें आँखों में काटीं
मैं आज मुक्ति की ओर बढ़ा जाता
दामन थामे दुनिया की हलचल का

अनुराग यहाँ विश्वास बना करता
पतझार यहाँ मधुमास बना करता
रण-मरण यहाँ उल्लास बना करता
बलिदान यहाँ इतिहास बना करता
मैं फूलों का मधुप नहीं दुनिया में
मैं तो कर में अपना मस्तक थामे
चाहे रण का, रस का, पावस का हो
मैं तो चाहक हूँ काले बादल का

पश्चिम नभ की भरी जवानी

(पावस)

प्यासे जग की गली-गली में
जल लेकर बादल चलता है
पावस की प्यासी दुनिया में
केवल जल-ही-जल चलता है

(1)

पश्चिम नभ की भरी जवानी
उमड़ रही है बादल बन-बन
जीवन में यौवन की झंझा
घुमड़ रही है पागल बन-बन
तुमने देखा, मैंने देखा,
कोटि-कोटि नयनों ने देखा
खिले अधर की मुसकानों-सी
चमक गई बिजली की रेखा
चंचल बिजली के सैनों पर
सावन का दल-बल चलता है

(2)

मन के पास, नयन के आगे,
घन की धूम मची है देखो
पावस की कामिनी प्रिया ने
जल की केलि रची है देखो
बादल बूँदों में, बेली की
नवकलियाँ बरसा जाते हैं
ये बेली के फूल अधखिले
मन उपवन सरसा जाते हैं
घन रिमझिम-रिमझिम बजता है
जल कलकल-छलछल चलता है

(3)

आज झलक उठता है झलमल
जल से भरे कलश का जोबन
आज झमक उठता पावस में
अश्रु भरे नयनों का सावन
आज महक उठता है रह-रह
कच्ची-सी धूलों का चन्दन
आज बहक उठता सावन में
हरे-भरे मन का नन्दन-वन
आज कुंज में श्याम छिपाए
घन श्यामल-श्यामल चलता है

(4)

काला दिवस, रात भी काली
अँधियारी उजियारी काली
फिर भी इस काले बादल के
पीछे दुनिया है मतवाली
यह वर्षा की फूलोंवाली
यह बिजली की शूलोंवाली
छू-छूकर चुभ-चुभकर दिल में
उकसाती मेहँदी की लाली
सावन की आँखों का काजल
घन कज्जल-कज्जल चलता है

(5)

वन के सघन सुमन-कुंजों पर
आज मेघ-कुंजों की छाया
आज धरा के थल-सागर पर
नभ का जल-सागर लहराया
आज धरा की जलधारा पर
छूटी अम्बर से रसधारा
आज कुटी के क्षीण दिये को
बिजली का है एक सहारा
आज गगन-गंगा में वर्षा
का मृदु मंगल जल चलता है

कोई रो रही थी

(एक संध्या को पड़ोस में एक नवविवाहिता स्त्री रो रही थी)

आई थी आवाज
किसी पास के ही मकान से आई थी आवाज
तुम्हारे रोने की आवाज

(1)

देह तुम्हारी फूलों-जैसी,
मधु पराग-सा मन होगा
चारों और घेरकर तुमको
छाया कंटक-वन होगा
फिर काँटे तनिक चुभे होंगे
मन में व्यथा जगी होगी
बड़ा तुम्हारा भी दिल होगा
वैसी चोट लगी होगी
उस दिन तभी साँझ की बेला आई थी आवाज
तुम्हारे रोने की आवाज

(2)

देखा होगा, रवि की किरणें
प्रातः मचल चली होंगी
संध्या को बत्तियाँ घरों में
आशा लिए जली होंगी
झुला रहा होगा जीवन का
झूला चपल तुम्हारा मन
पर निर्मोही ने रस्सी के
काट दिये होंगे बन्धन
उस दिन तभी दीप की बेला आई थी आवाज
तुम्हारे रोने की आवाज

(3)

चहक रही होगी बुलबुल-सी
तुम जीवन की डालों पर
दिखा रही होगी तुम ममता
आने-जानेवालों पर
होगी जगी कल्पना मन में
सपनों के उन देशों की
जग ने काट दिये होंगे पर
कैंची से उपदेशों की
उस दिन तभी गीत की बेला आई थी आवाज
तुम्हारे रोने की आवाज

(4)

जिसको तुमने कभी न चाहा
साथी वही मिला होगा
दिवस नहीं झाँका होगा फिर
कैसे कमल खिला होगा
हिला चाहिए दिल, लेकिन यह
जीवन स्वयं हिला होगा
मिला चाहिए था दिल, लेकिन
दिल को दर्द मिला होगा
उस दिन तभी मिलन की बेला आई थी आवाज
तुम्हारे रोने की आवाज

(5)

बरस रहे होंगे जीवन में
नयन-नयन में ये बादल
डुबो रहे कागज की नैया
भिगो रहे होंगे आँचल
तड़प उठा होगा बिजली-सा
दो आँखों का सपना
आती होगी याद पराई
भूल चुका होगा अपना
उस दिन तभी प्रीति की बेला आई थी आवाज
तुम्हारे रोने की आवाज

दे दो मुझको अपनी ज्वाला

(कवि की याचना)

मेरे जीवन-पथ के साथी
रुको-रुको छाया मैं क्षण-भर
दे दो मुझको अपनी ज्वाला
उसमें जीवन-भर जल-जलकर
मैं रच लूँगा गीत
मैं रच लूँगा गीत जगत के लिए अनूठे गीत

(1)

दो मुझको जीवन की ज्वाला
लपट-भरी यौवन की ज्वाला
दो मुझको क्षण-क्षण की ज्वाला
उत्पीड़ित कण-कण की ज्वाला
दे दो तुम आँसू की माला
उसमें अपना अश्रु मिलाकर
मैं रच लूँगा गीत

(2)

दे दो मुझको अपना सावन
कठिन अकेलेपन का सावन
भार बने जीवन का सावन
उजड़ रहा जो बादल काला
उसको आँखों में ले-लेकर
मैं रच लूँगा गीत

(3)

तुममें झड़ती कलियाँ देखीं
और उजड़ती गलियाँ देखीं
दर्द-भरी रँगरलियाँ देखीं
प्यासी मधुपावलियाँ देखीं
दे दो अनुभव सुख-दुखवाला
उससे अपना दीप जलाकर
मैं रच लूँगा गीत

(4)

जीवन जग की झीनी जाली
मकड़ी ने ही बीनी जाली
उस पर और घटाएँ काली
फूटेगी कैसे फिर लाली
दे दो यह मकड़ी का जाला
उसके तारों को बिखेरकर
मैं रच लूँगा गीत

(5)

तुम सहते हो भार अकेले
विरह-मिलन की मार अकेले
सुख-दुख के उपहार अकेले
आँसू के अंगार अकेले
दे दो दर्द कसकनेवाला
दिल में उसके तार बजाकर
मैं रच लूँगा गीत

(6)

माँगी मधुऋतु, सावन आया
खिले चाँद पर बादल छाया
तुमने मन का दीप जलाया
पर जल गई शलभ-सी काया
दो अपनी किस्मत का पाला
उसे सुबह की ओस बनाकर
मैं रच लूँगा गीत

(7)

दर्द बना है मन की हाला
दुःख बना जीवन की हाला
प्यास बनी यौवन की हाला
अश्रु बने लोचन की हाला
दे दो मुझको तुम यह हाला
इस दुनिया को पिला-पिलाकर
मैं रच लूँगा गीत

तुमने मेरा दर्द न जाना

तुमने मेरा प्रेम न देखा,
देखी है नादानी केवल

(1)

खोज रहीं जो आँखें मेरी
दूर गगन में अपना तारा
वे ही हैं मेरे सुख-दुख के
चपल सिन्धु का कूल-किनारा
तुमको आते देख दूर पर
बढ़ती आई, चढ़ती आई
किन्तु न पहचानी कुछ तुमने
करुणा की यह छल-छल धारा
दीख रहा तुमको आँखों में
कुछ पानी-सा पानी केवल

(2)

मैं जीवन की नाव बढ़ाता
चला जा रहा धीरे-धीरे
अलग खड़ी थी सारी दुनिया
जीवन की यमुना के तीरे
चलते-चलते वैसे मैंने
एक नजर उन पर भी डाली
लेकिन तुमने समझा, मेरी
दुनिया डगमग डोल रही रे
तुमने मेरे भाव न समझे,
समझी आनाकानी केवल

(3)

इस जीवन की निधियाँ सारी
निष्ठुर, तुम पर वार चुका मैं
तुम्हें जीतने के लालच में
तुमसे ही अब हार चुका मैं
तुम न अगर मिलते मुझको तो
क्या करता मैं दुनिया लेकर
तुमको अपनाने को केवल
दे अपना संसार चुका मैं
तुमने मेरी भक्ति न मानी
मानी मेहरबानी केवल

(4)

तुम हो रसिक, खिले फूलों में
चंचल भृंग बने फिरते हो
समझ मुझे यौवन, तुम मेरी
नई उमंग बने फिरते हो
ढका हुआ है मेरा आँगन
पतझड़ के पीले पातों से
तुम सुन्दर हो चिर-नवीन हो
मधुऋतु संग बने फिरते हो
तुमने मुझसे प्रेम न माँगा
माँगी एक जवानी केवल

(5)

अरुण किरण आते सूरज की
फूटी है मेरी आँखों में
करुण किरण जाते सूरज की
छूटी है मेरी आँखों में
मैं प्रभात से फिर प्रभात तक
पड़ा रहा टकटकी लगाये
नयन-गगन की अश्रु-तारिका
टूटी है मेरी आँखों में
तुमने मेरी लगन न देखी,
देखी है हैरानी केवल

(6)

तुम मेरी कुटिया से निकले
जब गलियों से आते-जाते
मेरे प्राण पुकार उठे तब
तुमको शरमाते-शरमाते
तुमने देखा, मैंने देखा
दुनिया ने दोनों को देखा
दुनिया थी, मैं ही न एक था
तुम आते तो कैसे आते
तुमने मेरा दर्द न जाना,
बोली ही पहचानी केवल

(7)

एक स्नेह-दीपक जलता था
इस एकान्त विजन में मेरा
जिसको जग के अन्धकार ने
कई दिशाओं से आ घेरा
और तुम्हारे आते-आते
झंझा ही आ गई ज़ोर से
तड़पा और बुझ गया दीपक
तुम न रहे, रह गया अँधेरा
मैं न तुम्हारे लिए रहा अब
मेरी रही कहानी केवल

दर्द में या प्यार में

(कुछ प्रश्न)

तुम मिलोगे जीत में या हार में
तुम भले ही प्राण में जलते रहो
साँस में चल, आस में छलते रहो
पर बता दो एक अपनी बात तुम
जिन्दगी से तुम कहाँ नजदीक हो
साफ दिल में, दर्द में या प्यार में

फूल हो तुम डाल पर खिलता हुआ
पात हो तुम डाल पर हिलता हुआ
पास हो तुम चाँदनी-सा, दूर पर
चाँद हो दीदार से मिलता हुआ
तुम नयन के तीर में या तार में

एक-सा दिन, एक-सी रातें रहीं
एक-सा दिल, एक-सी बातें रहीं
और दोनों ही जगह जब हर घड़ी

एक-सा घर; एक-सी घातें रहीं
फर्क क्या उस पार में, इस पार में

उस तरफ हैं मेघ काले उठ रहे
इस तरफ मोती नयन में लुट रहे
तुम कहाँ हो आज ये सामान जब
दो तरफ बरसात के हैं जुट रहे
बूँद में या बूँद की बौछार में

जिन्दगी में एक बस तुम ही रहे
जाम तुम भर दे रहे, हम पी रहे
देखते हैं देखनेवाले यही
मर रही दुनिया, मगर तुम जी रहे
राख में या राख के अंगार में

यह किरण भी राह में ही रुक गई
डाल भी इन डालियों पर झुक गई
कौन-सा वह रस कि कोयल भी जिसे
पी गई, बेमोल पीकर बिक गई
फूल की मनुहार में या मार में

बीन पर कुछ आज हम रो-गा रहे
और अपने-आपको समझा रहे
गीत बनकर हम चले नजदीक से

गूँज बनकर दूर से तुम आ रहे
तार में या तार की झंकार में

हम तुम्हारे प्यार में फूले-फले
हम तुम्हारे नाम पर मरते चले
कौन-सी फिर रह गई ऐसी कमी
जो अँधेरा है बना दीपक तले
प्रेम में या प्रेम के व्यापार में

दूर पर वह स्वर्ग है इस पार से
दूर है संसार भी उस पार से
फिर बता दो कौन-सा आसान है
जा पहुँचना जब कभी संसार से
स्वर्ग में या स्वर्ग से संसार में

आज हमने नाव अपनी खोल दी
तीर से अब कूच हमने बोल दी
धार पर तुमने हमें झोंके दिये
तीर पर तुमने हमें कल्लोल दी
ले चलोगे पार या मँझधार में

है दर्द दिया में बाती का जलना

तुम रुककर राय न दे डालो साथी,
कुछ दूर अभी आगे तुमको चलना

(1)

तुम आज उमर के फूल चढ़ाते हो
तुम समझे हो, जिन्दगी बढ़ाते हो
तुम पर जो ये धूलें चढ़ती जातीं
तुम समझे हो, लहरें बढ़ती आतीं
तुम समझे हो, मिल गई तुम्हें मंजिल
वह तो हर रोज यहाँ दिन का ढलना

(2)

पूनो के बाद अमावस आयेगी
उजियाली पर अँधियाली छायेगी
फिर गुल की बुलबुल चुप हो जायेगी
इस बार खार की कोयल गायेगी
सुख दिन है, दुख है रात घनी काली
है दर्द दिया में बाती का जलना

(3)

तुम क्षुब्ध रहे अंधड़-तूफानों से
तुम मुग्ध रहे बुलबुल के गानों से
तुम क्या जानो, यह दुनिया सोती है
उसकी समाधि पर बुलबुल रोती है
तुमने कुछ छल देखे न छली देखा,
तुम देख रहे केवल कलना-छलना

(4)

मिलनेवाला ही मिला नहीं जग में
तुम खोज चले झिलमिल में, जगमग में
यह चन्द्र-किरण घन-जालों में उलझी
इनकी उनकी किनकी किस्मत सुलझी
है क्या जिसको तुम उमर बताते हो
कुछ गई घड़ी, कुछ घड़ियों का टलना

भारतमाता

जय हे भारतमाता
जंजीरों की झनन-झनन सुन नवयुग दौड़ा आता
प्राची के झिलमिल आँगन से मुक्ति दिवस मुस्काता
जय हे भारतमाता

(1)

गंगा लेकर चली अर्घ्य-जल, यमुना लेकर फूल
सागर लेने चला उमड़कर जननी की पद-धूल
दीप लिए गंडकी पधारी, पद्मा गाती वन्दन
भारतमाता के मन्दिर में आज जननि-पद-पूजन
जननि खड़ी आरती ले रही, लिए खुले घन केश
क्षमा माँगती भूमि शिवा की, बुन्देलों का देश
स्वर भर्राया है कृष्णा का, उमड़ा अश्रु नयन में
इतना बड़ा देश पृथ्वी पर पड़ा आज बन्धन में
जननी पत्थर बनी निहारे दासी का पद-पूजन
चुरा ले गई नींद दृगों से जंजीरों की झनझन
दबी हुई आवाज उठ रही, क्रन्दन बढ़ता जाता

नव-भारत के शान्ति-गगन में अंधड़ उठता आता
जय हे भारतमाता

(2)

इस स्वर्गीय देश की शोभा हमको रुला रही है
नर प्रताप की भूमि सामने हमको बुला रही है
गौरीशंकर-से गिरिवर के आज नयन में पानी
लोट रही भूपर विन्ध्या की बन्धन-बँधी जवानी
आज रामगिरि कालिदास का आँसू से मुँह धोता
कवि तुलसी की पंचवटी में बन्धु भरत है रोता
नील नीलगिरि, श्याम श्याम-व्रज, गोदावरी सिहरती
कुचले हुए फूल पर जननी चलती मस्तक धरती
भारत के दक्षिण में देखो, लहराता है सागर
और आज इस पुण्य देश की रीती रस की गागर
यमुना-तट के तरु तमाल में कब से पतझड़ आई
देश-दहन की अग्नि प्रबल है, कुसुम-कली मुरझाई
उठते हुए सूर्य को क्षण-क्षण भारत देख रहा है
स्वर्ग-किरण पर अपने तन के चिथड़े फेंक रहा है
आता है दिनमान, तिमिर की धज्जी आज उड़ाता
पड़े-पड़े कारा में बन्दी भारत नयन जुड़ाता
जय हे भारतमाता

(3)

सागर जननी की दो बाँहों पर मणिबन्ध बना है
आँगन पर रवि-शशि-तारों का विमल वितान तना है
हिमकिरीट डाले मस्तक पर प्रहरी है कैलास
दुनिया में जिस राष्ट्र-वृक्ष को गंगा का जल सींचे
नीचे समतल पर, तरु-मरु पर कोटि-कोटि का वास
धूलि-धूसरित जिसके पद पर सागर नीर उलीचे
जो जलते मरु के आतप में वर्ष-वर्ष तपता हो
हाथों में हथकड़ी पहन जो मुक्ति-नाम जपता हो
उसका भाग्य लिए हाथों में तरुण ताकते मौका
हिला न पाया उनको अब तक युगारम्भ का झोंका
जाग रहे जनपद, बन्दी का बन्धन खुलता जाता
जय हे भारतमाता

फुटपाथ पर खड़े दर्शकों से

अपने जीवन की खिड़की से
तुम झाँक रहे काले बादल

(1)

सावन की घटा उठी काली
बदली बोली बिजली वाली
चंचल झंझा के झोंकों में
ये कलियाँ छोड़ चलीं डाली
घन-घन में जय-जयकार मचा
वन-वन में हाहाकार मचा
तुम तारे बन टिमटिमा रहे
झूम-झूम चला मेघों का दल

(2)

जग की गलियों में घूम-घूम
अपनी मस्ती में झूम-झूम
बंधन के मोहक जाल तोड़
चल पड़ा जवानों का हुजूम

गलियों में जय-जयकार मचा
जीवन का क्षण, यौवन का पल

(3)

जीवन-सागर घहराता है
जीवन का जल लहराता है
यौवन इन लहरों-धारों में
निज विजय-ध्वजा फहराता है
ज्वारों में जय-जयकार मचा
लहरों में हाहाकार मचा
तुम जीवन-सिन्धु-किनारे से
सुन रहे लहर का कोलाहल

(4)

बंधन से क्षुब्ध रहे साथी
पर जग से लुब्ध रहे साथी
तुम मर-मिटने की घड़ियों में
जीवन पर मुग्ध रहे साथी
घट-घट में जय-जयकार मचा
मरघट में हाहाकार मचा
तुम संघर्षों से टले, धरे
हाथों में करुणा का आँचल

(5)

जीवन में जीवन से बेकल
यौवन में यौवन से घायल
तुम जीवन-पथ पर मूक-बधिर
लेकिन सुख-स्वप्नों में चंचल
यौवन में जय-जयकार मचा
बज रही आँसुओं की पायल

(6)

तुम कंकड़ तेज रवानी के
तुम दर्शक भरी जवानी के
तुम स्वयं बने बेबस तिनके
अपने नयनों के पानी के
क्षण-क्षण पर जय-जयकार मचा
कण-कण में हाहाकार मचा
तुम देख रहे, तुम सोच रहे
आहों में भर बाँहों का बल

(7)

कुहराम मचाकर गली-गली
जब किसी तरुण की लाश चली
दुनिया की आँखों के आगे
तब एक नई तस्वीर जली

ज्वालों में जय-जयकार मचा

लपटों में हाहाकार मचा

रूमालों में ही सूख गया

इस दुनिया की आँखों का जल

[ऑल इंडिया रेडियो : लखनऊ स्टेशन से ब्रॉडकास्ट]

नौजवान की मौत

(एक नवयुवक की मृत्यु पर)

उठ रहा अभी उस पार धुआँ
जल रहा अभी सूना मशान
जल गया चाँद-सा वह मुखड़ा
तप रहा आँच से आसमान

(1)

जीवन कानन था हरा-भरा
यौवन-वसन्त जो आया था
उड़ रहे रूप-रस-गन्ध अमित
सौन्दर्य चमन में छाया था
कोई किशोर था हिला रहा
जीवन की डाली झूल-झूल
तोड़ा, सूँघा, फिर फेंक चला
वह अपने तन का एक फूल
गुलजार चमन की गलियों से
चल दिया मचलकर नौजवान

उठ रहा अभी उस पार धुआँ
जल रहा अभी सूना मशान

(2)

रह गया देखता ही वसन्त
रह गया सोचता ही माली
नीचे जमीन पर लुढ़क गई
यौवन की भरी हुई प्याली
साथी कुहराम मचाते थे
घर की दीवारें रोती थीं
शोभा-सुषमा उस कुटिया की
अब मरी-मरी सी होती थीं
खिड़कियाँ द्वार सब खुले हुए थे
उलट गया था फूलदान
उठ रहा अभी उस पार धुआँ
जल रहा अभी सूना मशान

(3)

मेघों की माला बनी हुई
बिजली झटके से टूटी हो
दीपक में बाती तो हो
पर बाती से लौ ही छूटी हो
जैसे लहरों से अलग पड़े
जा यमुना की चंचल धारा

वैसे अम्बर से टूट गया वह
सुन्दर एक तरुण तारा
सो गया गोद में सन्ध्या की
वह जीवन का झिलमिल विहान
उठ रहा अभी उस पार धुआँ
जल रहा अभी सूना मशान

(4)

था एक जुलूस चला जग की
गलियों से होता मरघट को
यौवन-गंगा की एक लहर
थी चूम रही गंगा-तट को
जीकर उसने जग को शोभा दी
मरकर बना दिया ज्ञानी
पर जग ने चलती बार दिये
थोड़े आँसू, ज्यादा पानी
पत्थर है, पत्थर बनकर ही
रहता है जग में यह जहान
उठ रहा अभी उस पर धुआँ
जल रहा अभी सूना मशान

(5)

वह ज्वलित चिता पर लेटा था
रक्खी जैसे खींची कमान

जीने का उसको मोह न था
मरने का था उसको गुमान
आँखों के कोटर में बैठे-से
थे उसके जीवन्त प्राण
लगता था, वह गुनगुना रहा
युग-युग की भूली हुई तान
जब मिटे जवानी, क्यों न रहें
उजड़ी गलियाँ, सूने मकान
उठ रहा अभी उस पार धुआँ
जल रहा अभी सूना मशान

(6)

वह था जवान, चिनगारी-सा
छिप गया चिता की राखों में
वह स्नेही था, आँसू-जैसा
रह गया किसी की आँखों में
संगी-साथी रोये तो क्या
दुनिया भी चिल्लाई तो क्या
अधखिली कली झड़ जाने पर
शबनम रोती आई तो क्या
वह मौत रही ऐसी, छिपकर
रोया होगा करुणानिधान
उठ रहा अभी उस पार धुआँ
जल रहा अभी सूना मशान

कवि की बरसगाँठ

(कवि ने अपनी बरसगाँठ पर यह कविता लिखी)

उन्तीस वसन्त जवानी के, बचपन की आँखों में बीते
झर रहे नयन के निर्झर, पर जीवन-घट रीते-के-रीते
बचपन में जिसको देखा था
पहचाना उसे जवानी में
दुनिया में थी वह बात कहाँ
जो पहले सुनी कहानी में
कितने अभियान चले मन के
तिर-तिर नयनों के पानी में
मैं राह खोजता चला सदा
नादानी से नादानी में
मैं हारा, मुझसे जीवन में जिन-जिनने स्नेह किया, जीते
उन्तीस वसन्त जवानी के, बचपन की आँखों में बीते

तुलसीदास

(भक्त-रूप)

तुलसी अधीर, तुलसी सुधीर

निशिदिन - पल-पल
पावन - निर्मल
सुरसरि - धारा
कूल - किनारा

डुबा रही थी
बहा रही थी
पात - फूल-फल
चढ़े अर्घ्य-जल
तुलसी चलते थे तीर-तीर

गात निमज्जित
चन्दन - चर्चित
चले नहाकर
कर में लेकर

जल का लोटा
मोटा सोंटा
भजन कंठ में
वसन कंध में
मन में जीवन की गहन पीर

खिन्न भक्त कवि
थे अशक्त कवि
जगज्जाल से
मोह-व्याल से

क्रूर काल से
दुख अकाल से
भव-बंधन था
मन-मंथन था
कर रहा जीर्ण-जर्जर शरीर

चलते - चलते
मन में चलते
सपना देखा
स्मिति की रेखा

खिंची अधर पर
आये रघुवर
रघुपति राघव
संसृति गौरव
भर गये हृदय के शून्य तीर

सुधी भक्त को
गुणी भक्त को
राम मिल गये
धाम मिल गये
धर्म, मोक्ष औ'
काम मिल गये
सत्य प्रीति कर
शिव औ' सुन्दर
जगमगा उठी तन की कुटीर

छवि भर मन में
भक्त भजन में
लीन हो गया
और धो गया

आँसू - जल से
मन के मल से
युगल राम-पद
होकर गद्गद
भर गया सिन्धु कवि-नयन-तीर

यही अश्रु - कण
शब्द - शब्द बन
गीत भजन बन
श्री रामायण

आज हो रहे
और धो रहे
जिससे जन-जन
अपना जीवन
कर रहे मनन गम्भीर - धीर

उस पार कहीं बिजली चमकी होगी

उस पार कहीं बिजली चमकी होगी
जो झलक उठा है मेरा आँगन

(1)

उन मेघों में जीवन उमड़ा होगा
उन झोंकों में यौवन घुमड़ा होगा
उन बूँदों में तूफान उठा होगा
कुछ बनने का सामान जुटा होगा
उस पार कहीं बिजली चमकी होगी
जो झलक उठा है मेरा आँगन

(2)

पत रही धरा यह प्यासी भी होगी
फिर चारों ओर उदासी भी होगी
प्यासे जग ने माँगा होगा पानी
करता होगा सावन आना-कानी
उस ओर कहीं छाये होंगे बादल
जो भर-भर आये मेरे भी लोचन

(3)

मैं नई-नई कलियों में खिलता हूँ
सिहरन बनकर पत्तों में हिलता हूँ
परिमल बनकर झोंकों में मिलता हूँ
झोंका बनकर झोंकों में मिलता हूँ
उस झुरमुट में कोयल बोली होगी
जो झूम उठा है मेरा भी मधुवन

(4)

मैं उठी लहर की भरी जवानी हूँ
मैं मिट जाने की नई कहानी हूँ
मेरा स्वर गूँजा है तूफानों में
मेरा जीवन आजाद तरानों में
ऊँचे स्वर में गरजा होगा सागर
खुल गये भँवर में लहरों के बन्धन

(5)

मैं गाता हूँ जीवन की सुन्दरता
यौवन का यश भी मैं गाया करता
मधु बरसाती मेरी वाणी-वीणा
बाँटा करती समता-ममता-करुणा
पर आज कहीं कोई रोया होगा
जो करती वीणा क्रन्दन ही क्रन्दन

चौपाटी का सूर्यास्त

('चौपाटी' : बम्बई का समुद्र-तट)

(1)

यह रंगों का जाल सलोना, यह रंगों का जाल
किरण-किरण में फहराता है
नयन-नयन में लहरांता है
चिड़ियों-सा उड़ता आता है
यह रंगों का जाल

(2)

सहज-सरल सुन्दर रूपों का यह बादल रंगीन
कोमल-चंचल-झलमल-झलमल यह चल-दल रंगीन
लिए शिशिर का कम्पन-सिहरन
और शरद् का उज्ज्वल आनन
नव-वसन्त का मुकुलित कानन
उड़ता आता प्रतिपल-प्रतिक्षण
यह रूपों का जाल मनोहर, यह रूपों का जाल

(3)

मेरी आँखें कितना देखें
उतना चाहें जितना देखें
कलना देखें, छलना देखें
सत्य हो रहा सपना देखें
यह रंगों का जाल सलोना, यह रंगों का जाल

(4)

और उड़ो तुम मेरे बादल
और धुलो तुम मेरे शतदल
और हिलो तुम मेरे चलदल
चलो-चलो तुम मेरे चंचल
बरसों तो मेरे आँगन में
ठहरो तो मेरे इस मन में
मुझको प्यारा-प्यारा लगता, यह रंगों का जाल
यह रंगों का जाल सलोना, यह रंगों का जाल

[बम्बई : 17 जुलाई, 1944]

दुनिया एक तुम्हारी आँखें

(गीत)

तुमने दर्द भरा जीवन में,
इतना दर्द भरा

(1)

मन में भर दीं नवल उमंगें
जीवन-जल में चपल तरंगें
फिर मोती का रूप बनाकर
आँसू छलका दिये नयन में
इतना दर्द भरा

(2)

अभिलाषा की कली खिलाई
मधुर प्रेम की सुधा पिलाई
फिर आँसू की चिनगारी से
आग लगा दी जीवन-वन में
इतना दर्द भरा

(3)

उमड़-घुमड़कर बादल आये
आँगन पर दल-के-दल छाये
जिस पर बिजली गिरी, धरा है
फिर उसका क्या सावन-घन में
इतना दर्द भरा

(4)

दुनिया एक तुम्हारी आँखें
उड़-उड़ थकतीं मन की पाँखें
क्यों इतना सूनापन छाया
इन नयनों के नील गगन में
इतना दर्द भरा

(5)

तुम जीवन की शोभा मेरी
बिना तुम्हारे रात अँधेरी
लेकिन, कौन बुझा जाता है
दिया जला के मेरे मन में
इतना दर्द भरा

[बम्बई : 25 जुलाई, 1944]

ऊषा से

(बम्बई का एक सूर्योदय : नृत्य की ताल पर)

(1)

बोल दे सुहासिनी
आज डाल - डाल से
सरल विहग - बाल से
कुंज - अन्तराल से
क्षीण-तिमिर - जाल से
मधुर-मधुर हास लिए, बोल दे सुहासिनी

(2)

अन्त रात का शयन
आज फूल का चयन
नींद से खुले नयन
ओस से धुले नयन
स्वप्न उड़ गये कहीं
मंत्र-मुग्ध ये नयन
चकित जुड़ गये कहीं

सूर्य - रश्मि - उँगलियाँ
कमल - पंखुड़ियाँ - द्वार खोल दे सुहासिनी

(3)

चमक रहे ओस-बुन्द
झलक उठे रंग-रंग
आज सिन्धु-वक्ष पर
उठ रही नई तरंग
आज स्वर्ण-किरण-संग
ज्वार-नृत्य का प्रसंग
मचल रही है उमंग
उछल रही है तरंग
बुन्द-बुन्द ही सही
मन्द-मन्द ही सही
आज प्रेम की सुधा घोल दे सुहासिनी
बोल दे सुहासिनी

[बम्बई : 17 जुलाई, 1944]

आज तुम चलीं

(नृत्य की ताल पर)

आज तुम चलीं
आज तुम चलीं बहार-सी खिली हुई
किशोरि, रूप की कली बयार से हिली हुई।
आज तुम चलीं

(1)

यह कठोर धूप
और जल न जाय रूप
गल न जाय, ढल न जाय
किशोरि, रूप की कली बयार से हिली हुई
आज तुम चलीं

(2)

है सुदूर राह
चल रही जमीन पर अमन्द मेघ-छाँह
उठ रही समक्ष श्वेत-श्याम मेघ-पाल
उड़ रहा विमान-सा अपार अभ्र-जाल

मिट चली निदाघ की विदग्ध अग्नि-ज्वाल
वायु की झकोर
है कि प्रेम की हिलोर
उड़ रहा बयार में महीन वस्त्र-छोर
सावनी बहार में किशोरि, साँवली
आज तुम चलीं सिंगार से सजी हुई
किसी दिलेर के दुलार में मँजी हुई
आज तुम चलीं

(3)

बाट जोहती वहाँ सखी-सहेलियाँ
संगिनी अधीर आज की नवेलियाँ
और वह पिता उदार स्नेह का धनी
तुम जहाँ किशोरि, रूप-गर्विता बनीं
राह में बिछा रहे नवीन प्रेम-फूल
स्वप्न देखते कि उड़ रही कहीं दुकूल
और तुम हँसीं कि जगमगा उठी गली
आज तुम चलीं बहार-सी खिली हुई
किशोरि, रूप की कली बयार से हिली हुई
आज तुम चलीं

(4)

सेज रो रही, पुकारता खड़ा मकान
तुम कहाँ चलीं कि आज दंग है जहान
मन अधीर, चरण धीर
झुके नयन, रुके नीर
अधिक हर्ष, तनिक पीर
फड़फड़ा रहा बयार में महीन चीर
आज रूप का सिंगार
आज स्नेह से दुलार
आज प्रेम-पुष्प-हार
कक्ष-कक्ष द्वार-द्वार
बत्तियाँ जलीं
आज तुम चलीं बहार-सी खिली हुई
किशोरि, रूप की कली बयार से हिली हुई
आज तुम चलीं

दुखिया

(नवम्बर, 1943 का हिन्दुस्तान)

जीने को जीता जाऊँगा दो दिन
पीने को हो थोड़ा-सा गंगा-जल

(1)

यह जीवन-निर्झर रुकता चलता है
उठता-टकराता-झुकता चलता है
काले मेघों को देख मचलता है
चंचल बिजली से चौंक उछलता है
आँसू से भीग गया होगा
मेरी जननी का मटमैला आँचल

(2)

उस पार कहीं यमुना बहती होगी
गंगा की धार पड़ी रहती होगी
गुलजार चमन प्यासे, गलियाँ प्यासी
वन प्यासे, वृक्षावलियाँ प्यासी

सूने अम्बर से माँग रही पानी
इस जीवन-तरु की नई-नई कोंपल

(3)

उस पार हिमालय से झोंका आया
केसर-कस्तूरी-गंध उड़ा लाया
पर इस सुगंध से मैं अब क्या कर लूँ
शीतल समीर से कैसे भर लूँ
मेरी कुटिया को गोदी में लेकर
जल रहा यहाँ पर सारा जंगल

(4)

कुछ दूर यहाँ से फैला है सागर
जो भर न सकेगा मेरी लघु गागर
भर भी दे तो क्या, होगा जल खारा
इस ओर प्रवाहित आँसू की धारा
आँसू से क्यों मुँह उसका धुलता है
धोता है सागर ही जिसका पद-तल

(5)

यह सूना गाँव, गली सूनी-सूनी
लगती जैसे संन्यासी की धूनी
मिट्टी के फूटे घड़े भरे पनघट
प्यासों को रेत बने, जग को मरघट

आँखों में जो फसलें झूमीं-झूलीं
प्राणों से वे ही आज रहीं ओझल

(6)

जिन आँखों ने गुलजार चमन देखे
धूलों में बिखरे हीरक-कण देखे
मधुऋतु देखी, रसमय पावस देखा
उन आँखों ने ही एक दिवस देखा
नीड़ों को नोच उड़ा तिनका-तिनका
वन से भागा जाता था पंछी-दल

आज जवानी के क्षण में

(गीत)

कुछ ऐसा खेल रचो साथी
कुछ जीने का आनन्द मिले
कुछ मरने का आनन्द मिले
दुनिया के सूने आँगन में, कुछ ऐसा खेल रचो साथी

(1)

यह मरघट का सन्नाटा तो रह-रहकर काटे जाता है
दुख-दर्द तबाही से दबकर मुफलिस का दिल चिल्लाता है
यह झूठा सन्नाटा टूटे
पापों का भरा घड़ा फूटे
तुम जंजीरों के झनझन में, कुछ ऐसा खेल रचो साथी

(2)

यह उपदेशों का संचित रस तो फीका-फीका लगता है
सुन धर्म-कर्म की ये बातें दिल में अंगार सुलगता है
चाहे यह दुनिया जल जाये
मानव का रूप बदल जाये
तुम आज जवानी के क्षण में, कुछ ऐसा खेल रचो साथी

(3)

भोलेपन की हद, जुल्मों को पिछले जन्मों का फल समझो
अपनापन की हद, जालिम के मन को भी तुम निर्मल समझो
चाहे उनको मानव समझो
चाहे उनको दानव समझो
उनके समूल उन्मूलन में, कुछ ऐसा खेल रचो साथी

(4)

यह दुनिया सिर्फ सफलता का उत्साहित क्रीड़ा कलरव है
यह जीवन केवल जीतों का मोहक, मतवाला उत्सव है
तुम भी चेतो मेरे साथी
तुम भी जीतो मेरे साथी
संघर्षों के निष्ठुर रण में, कुछ ऐसा खेल रचो साथी

(5)

जीवन की चंचल धारा में जो धर्म बहे बह जाने दो
मरघट की राखों में लिपटी जो लाश रहे रह जाने दो
कुछ आँधी-अन्धड़ आने दो
कुछ और बवंडर लाने दो
नव जीवन में, नव यौवन में, कुछ ऐसा खेल रचो साथी

(6)

जीवन तो वैसे सबका है, तुम जीवन का श्रृंगार बनो
इतिहास तुम्हारा राख बना, तुम राखों में अंगार बनो

ऐयाश जवानी होती है
गत-वयस कहानी होती है
तुम अपने सहज लड़कपन में, कुछ ऐसा खेल रचो साथी

[बम्बई : 3 सितम्बर, 1944]

मन का पंछी

मेरे मन का चंचल पंछी उड़ते-उड़ते उड़ जाता है

(1)

आया यौवन जीवन-वन में बन मादक मधुमास
फैला वन के कुंज-कक्ष में रूप-धूप का वास
तुम प्यारे हो अपनों-जैसे, स्वप्नों-से अनजान
गा देते हो डाल-डाल से तुम कुछ ऐसा गान
मेरे मन का चंचल पंछी उड़ते-उड़ते उड़ जाता है

(2)

प्रेम तुम्हारा है मेरी इन आँखों का आकाश
मृदु मुस्कान तुम्हारी मेरे प्राणों का उल्लास
ऊपर नीला अम्बर, नीचे भी है सागर नील
उड़ते-उड़ते मिल जाती है जहाँ प्रेम की झील
मेरे मन का विह्वल पंछी मुड़ते-मुड़ते मुड़ जाता है

(3)

विरह बना अँधियारा, छाई आज पीर की बदली
रह-रह चमक-दमक जाती है यह आँसू की बिजली
तुम हो लाख दूर दुनिया में, लाख गये हो भूल
आँसू की बूँदों से तुम पर चढ़ते जाते फूल
मेरे मन का पागल पंछी जुड़ते-जुड़ते जुड़ जाता है

(4)

जग की एक डाल पर मैं हूँ, एक डाल पर तुम भी
मैं जिस प्रेम-ताल पर नाचूँ, उसी ताल पर तुम भी
हम दोनों के नयन चार हैं, पर डोरी है एक,
हम दोनों हैं चोर प्रेम के, पर चोरी है एक
इन नयनों का भोला पंछी लड़ते-लड़ते लड़ जाता है

(5)

चाहे तुम आँखों में हँस लो, आँखों में ही रो लो
चाहे होंठ हिलाकर भी तुम, आँखों से ही बोलो
चाहे तुम गुमसुम हो बैठो, मन का दीप जलाकर
चाहे तुम अपनी उँगली से लिख दो कुछ धरती पर
मेरे मन का घायल पंछी पढ़ते-पढ़ते पढ़ जाता है

[लखनऊ रेडियो स्टेशन से ब्रॉडकास्ट]

तुम आग पर चलो

(1)

तुम आग पर चलो जवान, आग पर चलो
तुम आग पर चलो
अब वह घड़ी गई कि थी भरी वसुन्धरा
वह घड़ी गई कि शान्ति-गोद थी धरा
जिस ओर देखते न दीखता हरा-भरा
चहुँ ओर आसमान में घना धुआँ उठा
तुम आग पर चलो जवान, आग पर चलो
तुम आग पर चलो

(2)

लाली न फूल की, वसन्त का गुलाल है
यह सूर्य है नहीं प्रचंड अग्नि-ज्वाल है
यह आग से उठी मलीन मेघ-माल है
लो, जल रहीं जहान में नई जवानियाँ
तुम ज्वाल में चलो किशोर, ज्वाल में जलो
तुम ज्वाल में जलो

(3)

अब तो समाज की नवीन धारणा बनी
हैं लुट रहे गरीब और लूटते धनी
सम्पत्ति हो समाज के न खून से सनी
यह आँच लग रही मनुष्य के शरीर को
तुम आँच में ढलो नवीन आँच में ढलो
तुम आँच में ढलो

(4)

अम्बार एक ओर, एक ओर झोलियाँ
संसार एक ओर, एक ओर टोलियाँ
मनुहार एक ओर, एक ओर गोलियाँ
इस आज के विभेद पर जहीन रो रहा
तुम अश्रु में पलो कुमार, अश्रु में पलो
तुम अश्रु में पलो

(5)

तुम हो गुलाब तो जहान को सुवास दो
तुम हो प्रदीप, अन्धकार में प्रकाश दो
कुछ दे नहीं सको, सहानुभूति-आस दो
निज होंठ की हँसी लुटा, दुखी मनुष्य का
तुम अश्रु पोंछ लो उदार, अश्रु पोंछ लो
तुम अश्रु पोंछ लो

(6)

मुसकान ही नहीं, कपोल-अश्रु भी हँसे
ये हँस रहीं अटारियाँ, कुटीर भी हँसे
क्यों भारतीय दृष्टि में न गाँव ही बसे
जलते प्रदीप एक साथ एक पाँति से
तुम भी हिलो-मिलो मनुष्य, तुम हिलो-मिलो
तुम भी हिलो-मिलो

बादल और पृथ्वी

(बादल पृथ्वी से कह रहा है)

तुम कहती हो पानी
तुम कहती हो पानी
सावनी बहारों में, जलधार फुहारों में
मैं तुमको फूल चढ़ाता हूँ, तुम कहती हो पानी

(1)

यह आग
तुम्हारी आग
तुम्हारी यह तन-मन की आग
लाकर बरसात बुझाता हूँ, तुम कहती हो पानी

(2)

तुम दिन-भर जगती हो
बजतीं तब रजनी में
घंटियाँ सितारों की
तुम सोने चलती हो

फिर चाँद नहीं माने
आ जाता सिरहाने
पाँखों का विजन डुलाता हूँ, तुम सो जाती रानी
तुम कहती हो पानी

(3)

तुम्हारी सूनी थाली में
सजा जाता हूँ मैं फल-फूल
तुम्हारे घर के आँगन से
उड़ा ले जाता हूँ मैं धूल
तुम्हारी बिखरी है पायल
तुम्हारा मैला है आँचल
पर मैं तो हूँ बादल
जग के दुख से घायल
मैं देख नहीं सकता
तुम्हारे तन पर यह वल्कल
रेतों में फूल खिलाता हूँ, तुम समझी नादानी
तुम कहती हो पानी

(4)

तुम जीवन की रूखी
तारों की छाया में
तुम प्यासी, तुम भूखी
शबनम की माया में

तुम सूखी - की - सूखी
मैं धन बनकर उमड़ा
मैं जल बनकर बरसा
मैं झर-झर-झर बरसा
मैं जीवन-भर ~ बरसा
छींटों से तुम्हें जगाता हूँ, तुम तो पत्थर ज्ञानी
तुम कहती हो पानी

[ट्रेन में : इटारसी जंक्शन, 1 अक्टूबर, 1944]

जिन्दगी

(1)

चल रही यह जिन्दगी
जल रही यह जिन्दगी
एक आग है कि एक बार तुम भी खेल लो
लपट जरा झेल लो
जलन जरा झेल लो
एक खेल है कि एक बार तुम भी खेल लो
ऊपर है आसमान
नीचे फैला जहान
नगर-डगर, गाँव-गली, खेत-रेत, बियाबान
दो दिनों की जिन्दगी में रहने के मकान
और राह के पड़ाव
जिन्दगी औ' मौत इसी राह की हैं धूप-छाँव
चारों ओर गरज-उमड़
सागर की लहर-लहर
दुनिया को घेरती है
जादू-सा फेरती है

लहरों पर दुनिया है काँप रही एक नाव
रह रही यह जिन्दगी
बह रही यह जिन्दगी
एक लहर है कि एक बार तुम भी झेल लो

(2)

दुनिया है फूलों का एक चमन
फूल-फूल कली-कली एक नूर एक किरन
जिन्दगी की आग से
मौत के रुलानेवाले राग से
जलती हुई आँखों पर हुस्न ठंडी छाया है
और दिल की दुनिया में रूप एक माया है
दो दिनों की जिन्दगी की हास हैं रंगीनियाँ
दो दिनों की जिन्दगी की आस हैं जवानियाँ
ठंडी-ठंडी साँस हैं कहानियाँ
जिन्दगी की लहरों में
तुम भी अपनी कागज की एक नाव छोड़ दो
काँप रहे तारों से
तुम भी अपने गीतों का एक तार जोड़ दो
जवानियों की डाल पर खिल रही यह जिन्दगी
हुस्न की हवा में आज हिल रही यह जिन्दगी
एक पेंग है कि एक बार तुम भी झूल हो

(3)

हँस रही यह जिन्दगी
आँख के सुरूर पर बस रही यह जिन्दगी
एक घूँट है कि एक बार तुम भी ढाल लो
झलक रहा मैखाना
छलक रहा पैमाना
जिन्दगी है जाम को एक बार छलकाना
आर - पार झलकाना
एक नजर है कि एक बार तुम भी डाल लो
टूटे हुए दाने हो तुम किसी के हार के
छूटे हुए साथी हो तुम किसी के प्यार के
लड़खड़ाते पाँव हो मौसिमे-बहार के
फूल बन के आये हो, धूल बन के जाओगे
आशियाँ में बुलबुल के तिनके-सा छाओगे
फूलों के दामन में काँटे भर लाओगे
जिन्दगी में एक बार एक गीत गाओगे
हुस्न की रंगीनियाँ
मस्ती औ' जवानियाँ
एक डोर है कि एक बार तुम भी डाल लो
एक दर्द है कि एक बार तुम भी पाल लो

(4)

जिन्दगी के राज में

चीख रही कोयल की पतली आवाज में
एक राज है कि एक बार तुम भी खोल दो
एक बात है कि एक बार तुम भी बोल दो
रातों के जलने से दिन में यह लाली है
और दिन के जलने से रात हुई काली है
तारे चिराग हैं, आसमान है कफन
जिनके नीचे हसीनाने-जहाँ सारे हैं दफन
जिन्दगी की कब्र पर अश्क का चिराग है
देखने में फूल है, जानने में आग है
आग है यह आग है
अब खिजाँ के सामने जिन्दगी का मोल दो
हस्ती अपनी तोल दो
जा रहे हो आज तो पर्दा अपना खोल दो
रो रही यह जिन्दगी
पत्थरों को अश्क से धो रही यह जिन्दगी
लाचारियों के पाँवों पर सो रही यह जिन्दगी
एक बूँद है कि एक बार तुम भी घोल दो

एक बार

(एक भारतीय तरुण का अपना गीत)

(1)

जी रहा हूँ एक बार
मर रहा हूँ एक बार
सौदा अपनी जान का कर रहा हूँ एक बार
जिन्दगी तूफान है
गर्द यह जहान है
और उसके सामने जवानी के चिराग को
धर रहा हूँ एक बार
जलना है जल जायगा
बुझना है बुझ जायगा
सोच नहीं कुछ कि फिर
जिन्दगी के नाम पर धुआँ-ही-धुआँ छायगा
यह जो आसमान है
यह जो एक जहान है
नई-नई रोशनी है, पुराना मकान है
जिसके कोठों-आँगनों में

अपने दिल की आग से कितने चिराग जल चुके
अपने फूटे भाग से कितने ही राही चल चुके
अब मेरा चिराग यह इस बार बुझ जो जायगा
क्या नहीं हुआ था जो इस बार वह हो जायगा
इसलिए तूफान में, जवानी के चिराग को
धर रहा हूँ एक बार

(2)

एक छोटी डाल पर खिल रहा हूँ, एक बार
बहार की बयार में हिल रहा हूँ एक बार
मैं चमन की धूल में मिल रहा हूँ एक बार
टूटते हैं एक बार सितारे आसमान के
टूटते हैं एक बार आदमी जहान के
मैं भी अपनी डाल से हरसिंगार फूल-सा
झर रहा हूँ एक बार
लेकिन मेरी धूल यह
गर्द नहीं बनने को है सैलानी जहान का
पर्दा नहीं बनने को है नंगे आसमान का
यह तो ऐसी धूल जो
राहियों के पाँवों को दौड़कर न चूमेगी
आँधियों की धूम में दुन्द बाँधे झूमेगी
पोंछ देगी हाथ से तख्त को और ताज को
ले जायगी दूर-दूर आँधी की आवाज को
इसलिए जहान में, मैं भी अपनी डाल से
हरसिंगार फूल-सा झर रहा हूँ एक बार

(3)

इस अँधेरी रात में जल रहा हूँ एक बार
सूनी-सूनी राह पर चल रहा हूँ एक बार
कह रही हैं बुलबुलें
जवानियाँ जवाब हैं, जिन्दगी सवाल है
काली-काली रात का सबेरा लाल-लाल है
इसलिए इस रात को, मैं अपने चिराग में
जल रहा हूँ एक बार
सुन लो मेरे साथियो
काली रात चीरता कल सबेरा आयगा
देश से सितारों के सूरज मेरा आयगा
लायगा वह साथ में सोने की जवानियाँ
लायगा वह साथ में मौजों की रवानियाँ
लायगा वह साथ में फूलों की कहानियाँ
इसलिए इस रात की खामोशी सुनसान में
इसलिए सितारों का मकान आसमान में
मैं गीतों की रागिनी भर रहा हूँ एक बार
जी रहा हूँ एक बार
मर रहा हूँ एक बार
सौदा अपनी जान का कर रहा हूँ एक बार

जल रहा है गाँव

(1)

झुरमुटों के पास में यह धुआँ उठा है जो
जल रहा है गाँव
जल रहा है गाँव
उदी-उदी झोंपड़ी, सूनी-सूनी गैल
बाजरे के खेत में जुत रहे थे बैल
रोटियों के वास्ते पिल रहे किसान
खड़ी फसल की याद में खिल रहे किसान
पर कराल मेघ बन
लाल-लाल मेघ बन
चैत के आकाश में यह धुआँ उठा है जो
जल रहा है गाँव
जल रहा है गाँव

(2)

यह किसी किसान की नहीं चिलम की आग
नहीं किसी फकीर की धरम-करम की आग
ये कहीं से आग की आईं चिनगारियाँ
धधक रही है झोंपड़ी, सुलग रही हैं क्यारियाँ
आज दुन्द बाँधकर
बस्तियाँ बरबाद कर
पश्चिमी वतास में यह धुआँ उठा है जो
जल रहा है गाँव
जल रहा है गाँव

(3)

उथला-उथला हो गया है गाँव का कुआँ
सारा पानी पी गया है आग का धुआँ
ठोकरों के सामने लुढ़क रहे हैं डोल
कोयले औ' राख में जिन्दगी का मोल
आँखें लाल-लाल कर
आँधियाँ की ताल पर
शान्ति के निवास में यह धुआँ उठा है जो
जल रहा है गाँव
जल रहा है गाँव

(लखनऊ रेडियो से प्रकाशित)

अभागिनी

(15 मई, 1943 को आधी रात को कोई स्त्री नदी के उस पार रो रही थी। यह कविता उसी करुण विषय से सम्बन्धित है।)

(1)

रो रही अभागिनी कोई नदी के पार में
इस अँधेरी रात में
सो रहे संसार में
रो रही अभागिनी कोई नदी के पार में

(2)

दर्द से भरा है गला और मन में पीर है
सूखा पड़ा है भाग में, लेकिन नयन में नीर है
टूट-टूट आँसुओं में जिन्दगी-जंजीर है
बज रही खनन-खनन-खनन नदी की धार में

(3)

किस चमन का फूल यह सिसक रहा है धूल पर
रोना भी था तो इसको ही क्या अब किसी की भूल पर
पत्ता क्यों वह पतझड़ का उड़ रहा बहार में

(4)

बह रही नयन-नदी में छलछला रही लहर
नीलम की नाव खोलकर चला रही लहर
इस अँधेरी रात में दिल जला रही लहर
जिन्दगी की नींव पुरानी हिला रही लहर
आ बसी है दर्द की दुनिया यहाँ पुकार में

(5)

बुझ रहा भभक-भभक चिराग किस मकान का
लुट रहा बेरहमी से नूर किस जहान का
छिप रहा है चाँद बादलों में आसमान का
और उधर दुनिया है नींद के खुमार में

(6)

रो रही है या नदी में आँधियाँ उठा रही
जिन्दगी की रेत पर लिखा हुआ मिटा रही
बुझा रही है पीर को
डुबो रही है लहरों में फूटी तकदीर को
मिला रही है सारी जीत जिन्दगी की हार में

(7)

उसका कोई अपना था और अपना बन चुका
सपना सपना बनना था और सपना बन चुका
जल चुकी जवानियों की मीठी-मीठी रागिनी
चल चुकी वीरान में हारी हुई अभागिनी
रह गई है गूँज-भर आँसुओं के तार में
सूना आलम रह गया है गूँजते सितार में

(8)

माँग रही जिन्दगी सूने आसमान से
माँग रही दया-रहम मनचले जहान से
माँग रही अपना घर आँधी-तूफान से
रूठ रही आज यही रूठे भगवान से
बसा रही है दर्द की दुनिया यहाँ पुकार में

(9)

इतनी बड़ी दुनिया में साथ मैं ही हो रहा
रो रही अभागिनी और साथ मैं भी रो रहा
मीठी-मीठी नींद में सारा जहान सो रहा
आँसू यह हमारा इन पत्थरों को धो रहा
सिर धुन रही लहर नदी के तीर में कछार में
बस्तियों को छोड़कर
हस्तियों को तोड़कर

आ लगी वियोगिनी यहाँ नदी के तीर में
डूब गया जिन्दगी का दिन नयन के नीर में
देखती है दुनिया को अपने बेपीर में
दर्द बज रहा है यहाँ साँसों के तार में
रो रही अभागिनी कोई नदी के पार में

मेघ और झरना

(अपने जीवन में प्रथम-प्रथम मृत्तिका के स्तर को तोड़कर जब एक पतला झरना बह निकलता है, तब ऊँचे पहाड़ से नीचे खड्ड की गहराई देखकर वह सिहर उठता है और सहायता के लिए मेघ को पुकारता है।)

(1)

काले-काले मेघ उमड़
आँधीवाले मेघ घुमड़
मर रहे जहान को जिन्दगी की धार दे
फूल-सा उछाल कर
कंकड़ों की ताल पर
जिन्दगी की धार को पहाड़ से उतार दे

(2)

चट्टानों की दीवार पर
छोटी-छोटी नालियों की रुक रही रवानियाँ
पत्थरों के सामने झुक रहीं जवानियाँ
जिन्दगी उलझ रही है घाटियों में बार-बार
छोटी-छोटी लहरों में जिन्दगी है तार-तार

तू जला के बिजलियाँ
तू उठा के बदलियाँ
आगे बढ़ के ऐ जुनून, जुनून को पुकार दे

(3)

पत्थरों की आड़ से
यह जरा-सी जिन्दगी की धार आज चल पड़ी
यह नई जवानियों के प्यार-सी मचल पड़ी
रेत पर पहाड़ियों की गोद से उछल पड़ी
तू खिला के बिजलियाँ
तू हिला के बदलियाँ
बूँदवाले आबदार
मोतियों से आज इस रूप को सँवार दे

(4)

यह किसी के गीत की एक ऊँची तान है
यह जमीं की जिन्दगी की जिन्दगी है, जान है
और अपनी धार की रवानी से जवान है
खोजती है धार को
यह लहर उठी चली इस पार से उस पार को
तू नचा के बिजलियाँ
तू झुका के बदलियाँ
तू भी अपना कारवाँ तीर पर उतार दे
धार पर उतार दे

(5)

टिमटिमातीं आसमान की बुझा दे बत्तियाँ
किरनों की जालियों की फिर उड़ा दे धज्जियाँ
उड़ रही हों ज्यों खिजाँ की पीली-पीली पत्तियाँ
तू जुड़ा के बिजलियाँ
तू उड़ा के बदलियाँ
आज इस जवानी को जवानी का सिंगार दे

(6)

जिन्दगी की धार यह
चलते-चलते रेत पर धीमी जब होने लगे
और हवा की थपकियों से
जब भँवर के आस-पास लहरें सोने लगे
तू चला के बिजलियाँ
तू बुला के बदलियाँ
मेरे दिल के तार को जोर से झनकार दे

पहाड़ी कोयल

(कवि का बचपन देहरादून में बीता। रात को मसूरी की पहाड़ी में कोयल बोल रही थी। नीचे तलहटी में उसका कल-कूजन गूँज रहा है।)

(1)

पास के पहाड़ से
झाड़ियों की आड़ से
काली-काली कोयलिया, ऊँचे-ऊँचे बोलती
सो रहा सारा जहान
गुमसुम है आसमान
गुमसुम हैं सहम-सहम जंगलों की झाड़ियाँ
और उनके कानों की बन्द हैं किवाड़ियाँ
जिनको अपनी तान से
काली-काली कोयलिया, चुपके-चुपके खोलती

(2)

नीले आसमान में
हिल रहे सितारे भी रात के सिंगार के
चाँदनी की चादर पर

झूल-झूल वे ही फूल बन रहे बहार के
छाये हुए बादलों से
नींद के नशे में आज झूमती हैं डालियाँ
तिनकों की सेज पर
जग रहीं अभी खुशी के गीत गानेवालियाँ
और उनके कानों में
काली-काली कोयलिया, मीठे-मीठे घोलती

(3)

चाँद वह भरा-भरा है बदलियों से खेलता
उतर रहा है झरना भी पत्थरों को झेलता
कोई छुप के प्यालियों में आज रस उड़ेलता
जिसको काली कोयलिया पी रही, पिला रही
जी रही बहार में, बहार को जिला रही
और वन की गलियों में
काली-काली कोयलिया, हौले-हौले डोलती

जवानियाँ

(1)

आ रहीं जवानियाँ,
आ रहीं जवानियाँ, सुबह के आसमान में
बीसवीं सदी के नौनिहाल-नौजवान में
लाल-लाल रोशनी उड़ा रहीं जवानियाँ
सुबह के आसमान में

(2)

हँसते हुए नौजवान
और ऐ बुड्ढे जहान
खिड़कियों को खोल दे, किवाड़ियों को खोल दे
गुलामियों की इन चहारदीवारियों को खोल दे
आजादियों की राह के मुसाफिरों से बोल दे
आ रहीं जवानियाँ
जिन्दगी के कानों में गा रहीं जवानियाँ
सुबह के आसमान में

(3)

एक वक्त था कि जब
सीखचों के सामने तारे थे काली रात के
जंजीरों के सामने सपने थे आधी रात के
एक वक्त है कि अब
लोटतीं जवानियाँ चलीं किरन की धूल में
फूटतीं जवानियाँ चमन के फूल-फूल में
आ रहीं जवानियाँ सुबह के आसमान में

(4)

डालियों में फूल बन, फूलों में रंग बन
सागर अपार में पहाड़-सी तरंग बन
जिन्दगी के जोम में जोश बन, उमंग बन
मचल रहीं जवानियाँ, सुबह के आसमान में

(5)

रुक नहीं सकतीं कभी ये बीच के पड़ाव पर
रुक नहीं सकतीं कभी ये जिन्दगी के दाँव पर
झुक नहीं सकतीं कभी ये अपने तन के घाव पर
बिक नहीं सकतीं कभी ये आँसुओं के भाव पर
उछल रहीं जवानियाँ, सुबह के आसमान में